BEI GRIN MACHT SICH IHR WISSEN BEZAHLT

- Wir veröffentlichen Ihre Hausarbeit, Bachelor- und Masterarbeit

- Ihr eigenes eBook und Buch - weltweit in allen wichtigen Shops

- Verdienen Sie an jedem Verkauf

Jetzt bei www.GRIN.com hochladen und kostenlos publizieren

Peter-Michael Schulz

Mediation - ein kurzer Überblick

GRIN Verlag

Bibliografische Information der Deutschen Nationalbibliothek:

Die Deutsche Bibliothek verzeichnet diese Publikation in der Deutschen National-bibliografie; detaillierte bibliografische Daten sind im Internet über http://dnb.d-nb.de/ abrufbar.

Dieses Werk sowie alle darin enthaltenen einzelnen Beiträge und Abbildungen sind urheberrechtlich geschützt. Jede Verwertung, die nicht ausdrücklich vom Urheberrechtsschutz zugelassen ist, bedarf der vorherigen Zustimmung des Verlages. Das gilt insbesondere für Vervielfältigungen, Bearbeitungen, Übersetzungen, Mikroverfilmungen, Auswertungen durch Datenbanken und für die Einspeicherung und Verarbeitung in elektronische Systeme. Alle Rechte, auch die des auszugsweisen Nachdrucks, der fotomechanischen Wiedergabe (einschließlich Mikrokopie) sowie der Auswertung durch Datenbanken oder ähnliche Einrichtungen, vorbehalten.

Impressum:

Copyright © 2001 GRIN Verlag GmbH
Druck und Bindung: Books on Demand GmbH, Norderstedt Germany
ISBN: 978-3-656-56712-7

Dieses Buch bei GRIN:

http://www.grin.com/de/e-book/17986/mediation-ein-kurzer-ueberblick

GRIN - Your knowledge has value

Der GRIN Verlag publiziert seit 1998 wissenschaftliche Arbeiten von Studenten, Hochschullehrern und anderen Akademikern als eBook und gedrucktes Buch. Die Verlagswebsite www.grin.com ist die ideale Plattform zur Veröffentlichung von Hausarbeiten, Abschlussarbeiten, wissenschaftlichen Aufsätzen, Dissertationen und Fachbüchern.

Besuchen Sie uns im Internet:

http://www.grin.com/

http://www.facebook.com/grincom

http://www.twitter.com/grin_com

Alice-Salomon- Fachhochschule
Studiengang Pflege/ Pflegemanagement

Dezember 2001

Mediation

Angefertigt von:　　　Peter –Michael Schulz

Lehrveranstaltung:　　Psychologie – 2. Semester LVA 9207
　　　　　　　　　　　　Methoden der Psychologie
　　　　　　　　　　　　in der Pflege/ Pflegemanagement

Inhaltsverzeichnis:

1. Einleitung und Vorgehensweise ... 2

2. Geschichte und Bedeutung von Mediation ... 3

3. Die vier Grundprinzipien der Mediation ... 4

4. Abgrenzung von anderen Verfahren der Konfliktlösung ... 5
   4.1. Abgrenzung zur Schlichtung ... 5
   4.2. Abgrenzung zum juristischen Verfahren ... 5
   4.3. Mediation ist keine Therapie! ... 5

5. Ziele der Mediation ... 6

6. Voraussetzungen für Mediation ... 7

7. Phasen der Mediation ... 7
   7.1. Vorphase ... 7
   7.2. Das Mediationsgespräch ... 7
       7.2.1. Die Einleitungsphase ... 7
       7.2.2. Die „WAS?"- Phase ... 8
       7.2.3. Die „WARUM?"- Phase ... 8
       7.2.4. Die Problemlösungsphase ... 9
       7.2.5. Die Übereinkunft ... 9
   7.3. Umsetzungsphase ... 9

8. Wichtige Mediationstechniken ... 10

9. Mediation in der Pflege ... 11

10. Resümee ... 12

11. Literaturverzeichnis ... 13

1. Einleitung und Vorgehensweise

Der Mensch ist ein "soziales Wesen". Er lebt in einer Gemeinschaft und ist auf sie angewiesen. Dabei kommt es nicht selten auch zu Konflikten. Konflikte sind normal und als "soziale Sachverhalte" allgegenwärtig. Sie beruhen auf Unvereinbarkeiten im Denken, Vorstellen, Wahrnehmen, Fühlen oder Wollen der Konfliktparteien und werden so wenigstens von einer Seite empfunden. (vgl. Glasl, 1990) Sie sind dynamische Prozesse mit eigener Vorgeschichte und Eskalationsdynamik. Es gibt viele Möglichkeiten für den Umgang mit Konflikten. Eine davon ist die "Mediation". In Form eines Referates möchte ich diese Konfliktlösungsmethode vorstellen. Dabei gehe ich kurz auf die Geschichte, Definition, Grundprinzipien und die Vorraussetzungen zu dem Verfahren ein und werde es kurz von anderen Methoden abgrenzen. Des weiteren möchte ich kurz den Ablauf und die Besonderheiten des Mediationsprozesses darstellen. Schließlich werde ich mich zu den Möglichkeiten und Besonderheiten der Mediationsanwendung im Gesundheitswesen äußern.

Aus Zeit und Raumgründen eines Referates kann ich leider hier nicht näher auf Ursachen, Entwicklung und Dynamik des Konflikts eingehen, obwohl ich die Thematik für sehr wichtig, interessant und grundlegend für den Konfliktumgang halte.

2. Geschichte und Bedeutung von Mediation

Der Begriff „Mediation" hat seinen sprachlichen Ursprung im lateinischen „mediare", welches man mit „vermitteln" übersetzt. Er wurde 1970 in den USA als Terminus eingeführt und als feststehender Fachbegriff aus dem Englischen ins Deutsche, mit der Bedeutung „Vermittlung", übernommen (Klammer, G., 1999). Hiermit ist eine Konfliktlösungsstrategie gemeint, in der ein Vermittler, also Mediator, in einem Konflikt zwischen mehreren anwesenden Kontrahenten vermittelnd, als neutraler Dritter ohne Entscheidungskompetenz eingreift, bzw. ein „Verhandeln" zwischen den Konfliktparteien wieder möglich macht und eine weitere Eskalation verhindert. Er hält sich normalerweise aus inhaltlichen Fragen heraus und ermöglicht, durch die Gestaltung des Kommunikationsprozesses, daß beide Konfliktparteien wieder miteinander kommunizieren, so daß jede Seite reden und gehört werden kann, ein gegenseitiges Verständnis ermöglicht und eine, für beide Seiten gewinnbringende Lösung ermöglicht wird.

Altmann definiert: „*Als Mediation bezeichnen wir alle Verfahren der Konfliktlösung, in denen ein neutraler Dritter ohne eigentliche Entscheidungsgewalt versucht, sich im Streit befindenden Parteien auf dem Weg zu einer Einigung zu helfen (Altmann, 1999, S. 18).*"

Auch wenn Mediation in Deutschland erst seit den 90igern als modernes Instrument breiterer Anwendung findet, so haben doch ähnliche Konfliktlösungsmodelle in anderen Ländern schon eine sehr alte Tradition. „Unter anderem wurden solche Verfahren bei den alten Hebräern, in Afrika, Japan und China zur Lösung verschiedenster Konflikte herangezogen (Carnevale & Puitt 1992). In China und Japan etwa werden mediative Strategien seit langem bei der Regelung von sozialen Interaktionen herangezogen (Bastard & Cardia-Voneche 1992). Auch im antiken Griechenland wurden Konflikte zwischen Stadtstaaten durch Vermittlung Dritter beizulegen versucht, und in vielen Stämmen Afrikas gibt es bis heute die Einrichtung der Volksversammlung, bei der eine von allen geachtete Person mediativ tätig ist. Diese Aufzählung ließe sich fortsetzen." (Klammer, G., 1999, S. 12).Mediation wurde in ihren historischen Formen meist von Personen durchgeführt, welche die Vermittlung als nur eine Aufgabe im Kontext anderer Arbeitsgebiete durchführten, so z.b. Stammesälteste, Priester, Rabbiner.
Erst im 20. Jahrhundert wurde die Mediation institutionalisiert, und der Beruf des Mediators entwickelte sich auch im Westen zu einer anerkannten Profession. Neu an der heutigen, modernen Mediation ist die konsequente Anwendung von Techniken und die Rolle des Mediators, der sich eben nur um das „Setting", um das Verfahren und die Fairneß, aber nicht um den Inhalt kümmert. Emotionen und Beziehungsaspekte sollen zwar berücksichtigt, aber nicht extra behandelt werden. Die inhaltlichen und sachlichen Aspekte bleiben in der Verantwortung der Konfliktparteien. Die Sitzungen bleiben normalerweise vertraulich. (ebd.)
In den USA hat der Begriff und das Verfahren eine inzwischen über dreißigjährige Tradition. „Geburtshelfer" waren die Bürgerrechts- und Friedensbewegung, welche sich auf die Selbstbestimmung aller Individuen richtete und zu der Position gelangte, „daß Konfliktparteien über die Lösung ihres Konflikts selber entscheiden sollten statt diese beispielsweise an ein Gericht zu delegieren (Haumersen, P., 1999, S. 8)" und das Überlastete Justizsystem. Gerichte waren derzeit mit Bagatell- Konflikten völlig überlastet. Man suchte nach außergerichtlichen (und billigeren)Lösungswegen. Zeitgleich zum politischen Impuls nach Selbstbestimmung gab es also auch die objektive Notwendigkeit, daß möglichst viele der von Konflikten Betroffenen eine beidseitig befriedigende Lösung,

ohne den aufwendigen Rechtsweg einzuschlagen, finden. (Haumersen, P., 1999. Aufgrund der Erfolge der Mediationscenter und Vermittlungsstellen trat 1980 in den USA ein Gesetz in Kraft, welches festlegte, daß alle strittigen Sorge- und Besuchsrechtsfälle sich zuvor einem obligatorischen Vermittlungsverfahren unterziehen müssen. Erst bei Scheitern der Vermittlung, wird ein Verfahren eingeleitet. (Krappe, 1991, S.174 ff.) Inzwischen hat sich in den USA die Mediation als Instrument etabliert, da die herkömmlichen Verfahrensweise (gerichtliche Einigung) meist als zu unpersönlich, zu starr, zu langwierig und zu kostenintensiv gesehen wird.

In Deutschland wurde das Mediationverfahren erst in den 80igern, anfangs vorwiegend bei der Vermittlung in Scheidungs- und Familienkonflikten und in der Jugendarbeit angewandt und bekannt. Heute wird diese Methode „in vielen Bereichen des gesellschaftlichen und politischen Lebens eingesetzt, beispielsweise bei

- Nachbarschaftskonflikten,
- Familien-, Ehe-, und Scheidungskonflikten,
- Konflikten in der Schule,
- Konflikten in Organisationen, Betrieben und am Arbeitsplatz,
- Konflikten zwischen Bürgern und Behörden oder Investoren um bauliche Maßnahmen zumeist auf kommunaler Ebene, die für die betroffenen Bürger eine (Umwelt) Belastung nach sich ziehen könnten,
- dem sogenannten „Täter-Opfer-Ausgleich" nach Strafgerichtsverfahren."(Haumersen, P., 1999, S. 11),

und natürlich auch in der Politik, insbesondere Außenpolitik.
Die Mediation befindet sich heute immer noch in einem Professionalisierungsprozeß. Sie wird in Mediationszentren gelehrt, und ist inzwischen als eigenständiger Beruf anerkannt. Im Sozial- und Gesundheitswesen ist diese Methode dagegen wenig bekannt und wird kaum, bis gar nicht angewandt. Die aktuelle Einbeziehung und Vermittlung dieser Methode in Studieninhalte der Sozialarbeit und Pflegestudiengänge ist derzeit ein ganz neuer Schritt, bzw. Prozeß.

3. Die vier Grundprinzipien der Mediation

Mediation wird zwar in recht unterschiedlichen Bereichen eingesetzt und von verschiedenen Schulen gelehrt, folgende Grundprinzipien gelten jedoch generell:

1. <u>Die Teilnahme am Verfahren ist freiwillig,</u> d.h. eine Mediation kann nur zustande kommen, wenn alle Konfliktparteien sich entschlossen haben, sich auf das Verfahren einzulassen. Scheidet einer aus, dann endet das Verfahren automatisch, ohne zu einer Lösung gekommen zu sein.
2. <u>Die dritte Partei ist gegenüber den Konfliktparteien und gegenüber dem Ausgang des Konflikts neutral,</u> d.h. der Mediator a) sollte zu keiner der Konfliktparteien in irgendeiner
    Art von Beziehung stehen
    b) darf niemals persönliche Vorteile aus irgendeiner
    der möglichen Lösungsoptionen erhalten
    c) darf nicht zu Gunsten oder zu Ungunsten einer Partei eingreifen.
1. Die Konfliktparteien sind allein verantwortlich für die Lösung, der Mediator ist ausschließlich verantwortlich für die Gestaltung des Prozesses.

2. Das Verfahren ist vertraulich, d.h. die Mediatoren haben Schweigepflicht und auch die Konfliktparteien können ebenfalls Stillschweigen vereinbaren. (Haumersen, P., 1999, S. 13)

5. Abgrenzung von anderen Verfahren der Konfliktlösung

Wichtig ist hier zu erwähnen, daß Mediation nur eine Möglichkeit zur Konfliktlösung darstellt. Andere Methoden ähneln auf dem ersten Blick tatsächlich der Mediation und werden gelegentlich verwechselt. Deshalb nehme ich jetzt eine kurze Abgrenzung zu anderen Verfahren vor.

5.1. Abgrenzung zur Schlichtung

Ein Schlichter trägt die Hauptverantwortung für das Schlichtungsverfahren und für den Inhalt. Er gibt Empfehlungen, die meist zu einem Kompromiß führen. Lösungen oder Empfehlungen darf dagegen kein Mediator geben. Die Streitenden sollen selbst Lösungen finden, bei denen alle davon profitieren können. (Hauk, D., 2000, S.26)

5.2. Abgrenzung zum juristischen Verfahren

Mediatoren haben keine Rechtsanwaltsfunktionen, auch wenn nicht wenige von ihnen ursprünglich Juristen sind. Sie vertreten Parteien nicht vor Gericht und unterstützen Parteien auch nicht bei der Beratung eines juristisch relevanten Sachverhalts. Richter haben ein Verfahren ordnungsgemäß abzuwickeln, besitzen autoritative Entscheidungsgewalt, und fällen Urteile „im Namen des Volkes". Im Mediationsprozeß treffen die Beteiligten selber die Entscheidungen, vereinbaren selber Lösungen, Durch das Ausformulieren, Bewußt machen und Berücksichtigen von Interessen ergeben sich mehr Chancen zum gegenseitigen Verstehen und fortlaufender Berücksichtigung relevanter Aspekte.

5.3. Mediation ist keine Therapie!

Mediation geht es nicht um den Prozeß der Veränderung der Beziehungsgestaltung, sondern um die Entwicklung von klaren Vereinbarungen und Lösungen. Therapeuten und Mediatoren setzen zwar ähnliche Schwerpunkte (wie z. B. Betonung von Selbstbestimmung, eigene Verantwortung) haben aber unterschiedliche Ziele. "Nicht Heilung, Wachstum und Auflösung der Krisen in der Beziehung sind das Ziel, sondern das Aushandeln fest umrissener Inhalte: Wer steht im Grundbuch? Kauft die Familie eine neue Wohnung und zieht aus beruflichen Überlegungen der Frau oder des Mannes in ein anderes Land? Oder werden Pläne des Partners verwirklicht? Auf dem Weg zur Lösung von Sachfragen wird die Beziehungsdynamik allerdings mitberücksichtigt."(Klammer& Geißler, 1999, S., 21)
Mediation kann allerdings therapeutisch wirken, dies ist allerdings nicht das primäre Ziel sondern nur ein Effekt. Der Mediator muß nicht Gefühle intensiv erkunden, sondern eher das
Ausdrücken der Emotionen lenken. Bei einer Therapie geht es vor allem um die Hintergründe für ein bestimmtes Verhalten oder von Gefühlen, also um intrapersonelle Konflikte. In der Mediation geht es zwar u.a. auch um die Gefühle der Beteiligten, diese sind jedoch nur soweit von belang, wie sie für die konkrete Lösung des interpersonellen Konflikts entscheidend ist.

6. Ziele der Mediation

Es gibt einige Möglichkeiten zur Beendigung von Konfliktsituationen. Die Mediation strebt eine so genannte „win-win-Lösung" an, bei der die <u>Interessen</u> aller Konfliktparteien weitestgehend befriedigt werden sollen. Im Gegensatz dazu würde eine sogenannte „win-lose"- Lösung bedeuten, daß nur eine Seite die eigenen Interessen durchsetzen und realisieren könnte. Bei einem Kompromiß gewinnen und verlieren beide Parteien. Bei der Mediation dagegen sollen beide gewinnen, da jetzt der Fokus nicht mehr auf die konträren Positionen, sondern auf die eigentlichen Interessen gerichtet wird. Bei genauerer Betrachtung sind diese nämlich nicht gegensätzlich, sondern <u>unterschiedlich.</u> (Haumersen, P., 1999, S. 12)
Dazu ein sehr simples Beispiel: „ Wenn zwei Personen sich streiten, welche von ihnen die beiden vorhandenen Eier benutzen darf, um ein Gericht zu produzieren, das von ihnen geplant ist, so scheint es nur entweder einen Kompromiß (jede Person bekommt ein Ei) oder eine/n VerliererIn und eine/n GewinnerIn geben zu können. Stellt sich aber heraus, daß der/ die eine von beiden Mayonnaise aus den Eiern machen und der/ die andere Zimtsterne backen will, dann könnten beide 100%ig bekommen, was sie brauchen, denn der/ die Mayonnäsekoch/ köchin nähme die zwei Eigelbe, der/ die KeksbäckerIn nähme die zwei Eiweiße.
 Oder es stellt sich heraus, daß der/ die Keksbäckerin sich eigentlich nur gewünscht hätte von dem/ der Majonäsekoch/ köchin gefragt zu werden, ob er/ sie die Eier nehmen könne, worauf er/ sie die Zimtsterne erst nach dem Wochenende gebacken hätte... In jedem Fall: Solange beide Konfliktparteien auf der Position beharren, daß sie jeder beide Eier brauchen, ohne zu sagen weswegen und wofür, rücken diese möglichen Lösungen nicht ins Bild."(Haumersen, P., 1999, S. 12)
Fazit: Die eigentlichen Interessen müssen artikulieren werden!
Ergebnis und Ziel einer erfolgreichen Mediation sollte sein:
1. Eine konkrete, im Konsens erfolgte Vereinbarung, die von jedem angenommen werden kann.
2. Die Überwindung von negativen Gefühlen gegenüber den anderen Personen, das bedeutet nicht notwendigerweise eine Harmonisierung oder Versöhnung, sondern vielmehr eine Klärung der Beziehung. Durch die Anhörung eines jeden, durch den gegenseitigen Respekt dem Anderen gegenüber sollte es eben auch zu einer emotionalen Konfliktbewältigung kommen. Der überwundene Konflikt sollte die Beziehung zueinander nicht mehr stören.
3. Die Einhaltung der getroffenen Vereinbarungen wird wahrscheinlicher, durch die faire Aushandlung und Erörterung der Interessen und Werte aller Beteiligten. (Klammer & Geißler, 1999,S. 13)
4. Die neu ausgehandelten Spielregeln sollten einen Kultur- und Stilbildenden Charakter beinhalten und als Basis für eine neue Konfliktkultur dienen, in der sich die Konfliktparteien als gleichberechtigte Partner nebeneinander und nicht gegeneinander sehen. (Glock, M., Seeberger, B., 2001, S.169)
5. „Die Mediation will zukünftiges Zusammenleben (Kommunizieren und Kooperieren) ermöglichen. Sie blickt nach vorne. Die Vergangenheit ist wichtig, nur darf man nicht in ihr verharren."(Altmann, 1999, S. 19)

7. Voraussetzungen für Mediation

Soll die Mediation gelingen, müssen einige Voraussetzungen gegeben sein, einige möchte ich nennen:
1. Alle Beteiligten müssen freiwillig sich auf die Sitzungen einlassen und genügend motiviert sein, d.h. es muß auch ein gewisser Handlungsdruck bestehen. Mediation ist erst dann sinnvoll, wenn ein konstruktiver Dialog nicht mehr ohne fremde Hilfe geführt werden kann.
2. Jeder Konfliktpartner kann seine Interessen wahrnehmen, artikulieren, entsprechend vertreten und auch eine gewisse Eigenverantwortung übernehmen.
3. Es sollte die Bereitschaft vorhanden sein, die Sachlagen und Konflikte offen und ehrlich darzulegen.
4. Ein Interesse an der Überwindung des Konflikts und eine prinzipielle Bereitschaft zur Einigung muß vorhanden sein.
5. Der Konflikt sollte noch nicht soweit eskaliert sein, daß es zu Gewaltübergriffen kommt, diese angedroht oder befürchtet werden.
6. Gravierende Machtunterschiede, bzw. extreme Machtgefälle machen eine „win- win-Lösung", also ein im Konsens verhandeltes Ergebnis leicht unmöglich. Die Schwierigkeit besteht hier auch in der geforderten Neutralität des Mediators. Dieser kann jedoch zum Ausgleich auch Einzelgespräche anbieten.

8. Phasen der Mediation

In der Literatur finden wir zahlreiche Modelle, die den idealtypischen Mediationsablauf recht unterschiedlich in bestimmten Phasen beschreiben. Ich beziehe mich hier auf das von Besemer vorgestellte Modell (Besemer, 1993, S.56 ff.)
Das Mediationverfahren unterteilt sich grob in **Vorphase, Mediationsgespräch und Umsetzungsphase**. Das Mediationsgespräch beinhaltet im wesentlichen:
1) Einleitung
2) Sichtweise der einzelnen Konfliktparteien
3) Konflikterhellung/ Vertiefung
4) Problemlösung/ Entwurf von Lösungen
5) Übereinkunft

8.1. Vorphase

Im Idealfall haben die Konfliktparteien gemeinsam den Wunsch nach einer Mediation und leiten die entsprechenden Schritte ein. Meist ergreift jedoch nur eine Seite die Initiative. Der Mediator muß nun zu den übrigen Konfliktbeteiligten Kontakt aufnehmen und diese zur Teilnahme bewegen. Wichtig ist, daß alle Beteiligten letzten Endes freiwillig mitarbeiten und sich aktiv an den Gesprächen beteiligen und nach einer einvernehmlichen Lösung suchen möchten.

8.2. Das Mediationsgespräch

8.2.1. Die Einleitungsphase

Die Ausgangssituation ist in der Regel äußerst schwierig. Der Konflikt ist meist schon soweit eskaliert, daß die Streitenden nicht mehr miteinander direkt reden wollen oder können. Durch aufgeladene negative Gefühle scheitern jegliche Kommunikationsversuche und arten in destruktiven Streit aus. In dieser ersten Phase geht es darum, daß sich die Beteiligten einen sicheren Rahmen durch gemeinsame Gesprächsvereinbarungen schaffen. Der Mediator sorgt ersteinmal für eine wohltuende, offene und vertrauensfördernde Atmosphäre. Auch die räumliche Gestaltung und die Sitzordnung sollte sorgfältig gestaltet und ausgewählt sein, so daß eine vertrauensvolle und gleichwertige Kommunikation ermöglicht werden kann. Die Teilnehmer stellen sich vor. Es werden noch einmal die Grundprinzipien und der Ablauf einer Mediation erläutert. Regeln, nach denen die Verhandlung ablaufen sollen, werden festgelegt und nach Einverständniserklärung meist sogar schriftlich in Form eines Vertrags fixiert. Geschäftliches oder Organisatorisches wird hier geregelt, Fragen geklärt und eventuelle Vorbehalte ernst genommen und berücksichtigt.

8.2.2. Sichtweise der einzelnen Konfliktparteien

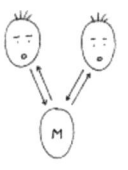

Die Streitparteien stellen nun den Konflikt aus ihrer Sicht dar. Nacheinander klärt jede Seite worum es ihrer Ansicht nachgeht und legt die eigene Position dar. Die erzählende Person wird hier emotional entlastet und die Zuhörenden können einiges Neues erfahren
Der Mediator hört meist aktiv zu, stellt eventuell Fragen und faßt zusammen. Er hat hier vor allem die Rolle der „unparteiischen aber verständnisbereiten Öffentlichkeit" und die desGesprächsleiters zu vertreten. Die Kontrahenten dürfen hier nur zuhören, können aber für später Notizen machen.

8.2.3. Konflikterhellung/ Vertiefung

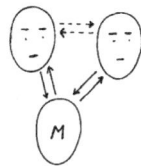

In dieser Phase klären die Konfliktparteien nacheinander warum es ihrer Ansicht nach zu dem Konflikt gekommen ist. Die Vorgeschichte wird dargelegt. Der Mediator spricht ganz gezielt Punkte an, zu denen er mehr wissen möchte und wo tiefere Ursachen zu vermuten sind. Durch geeignete Fragen und Methoden sollen die Gefühle, die Interessen und alle wichtigen Hintergründe des Problems erforscht werden. „Dieses Erhellen des Konflikts dient der Selbstklärung der Betroffenen und dem tieferen Verständnis des Konflikts sowie seiner Lösungsmöglichkeiten."(Besemer, 1993, S.74) Idealvorstellungen und Wünsche zur Lösung des Konflikts, auch wenn sie nicht realisierbar sind, können vorgebracht werden. Schrittweise wird eine direkte Kommunikation wieder hergestellt. Der Vermittler ermöglicht nichtverletzende Direktkontakte, indem er wichtige Kernaussagen des jeweilig Anderen „spiegeln" läßt. Durch Anleitung und Vorbild der MediatorIn lernen die KontrahentInnen, wie sie aktiv zuhören und das Gehörte nichtwertend wiedergeben können. (ebd.) Dadurch kann eine Vertrauensbasis geschaffen werden. Wichtig ist in dieser Phase, daß die wirklichen Interessen hinter den (verhärteten) Positionen herausgearbeitet werden und ein gegenseitiges Verstehen ermöglicht wird!

8.2.4. Problemlösung/ Entwurf von Lösungen

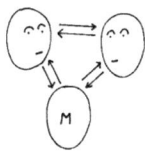

Durch den bisherigen Prozeß sollte es inzwischen den Beteiligten möglich sein, „Ihr Anliegen nicht mehr als Konkurrenzkampf, sondern als gemeinsames Problem zu betrachten." (Besemer, 1993, S.75) Statt gegeneinander wird nun miteinander nach einer Lösung gesucht. Der Mediator hat die Rolle „der kritischen Öffentlichkeit", gibt nur noch methodische Hilfestellung und läßt zunehmend das Gespräch zwischen Seiten stattfinden. Durch Methoden wie „Brainstorming" werden Lösungsvorschläge von den Konfliktparteien gemeinsam entwickelt und verhandelt.

8.2.5. Übereinkunft

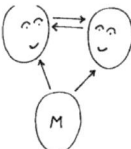

Die Beteiligten einigen sich auf eine, von beiden Seiten für tragfähig gehaltene Lösung. Die Schritte zur Umsetzung, Kontrollmöglichkeiten und der Umgang mit künftigen Problemen werden als Vereinbarung niedergeschrieben und feierlich, vielleicht in Form einer kleinen Zeremonie unterschrieben. Der Mediator tritt lediglich nur noch als „Zeremoniemeister" und vielleicht als Schriftführer in Erscheinung.

8.3. Umsetzungsphase

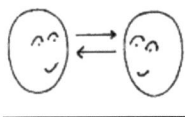

In dieser Phase muß sich nun zeigen ob die Übereinkunft standhält, bzw. der Problemlösung dient. Zur Prüfung und zur eventuellen Nachbesserung und Überarbeitung der Vereinbarung treffen sich die Beteiligten zu einem schon bereits zuvor festgelegten Termin.

9. Wichtige Mediationstechniken

Von Mediatoren werden einige persönliche und fachliche Fertigkeiten erwartet, die ich hier aus Platz und Zeitgründen nicht näher erläutern kann. Wichtigste Grundtechniken sind die Konfliktanalyse, die Kommunikationsfähigkeit und die Methode des Sachbezogenen Verhandelns.
Um den Prozeß der Konfliktbearbeitung voranzubringen sind folgende methodischen Hilfsmittel besonders wichtig:

- Aktives Zuhören und Spiegeln, d.h. intensives Zuhören, mit dem Ziel die Person auch voll und ganz zu verstehen und gelegentliches Wiederholen der Kernaussagen mit eigenen Worten, zur Überprüfung des richtigen Verstehens.
- Ich- Botschaften: Die Beteiligten versuchen sich klar und direkt auszudrücken, ohne sich hinter Allgemeinaussagen zu verstecken. Dabei sollen sie klar benennen um was es ihnen konkret geht und was für Gefühle dabei ausgelöst werden.
- Einzelgespräche sind eine wichtiges Hilfsmittel bei Schwierigkeiten, wie ein zu starkes Machtgefälle zwischen den Parteien oder bei zusätzlichen persönlichen Schwierigkeiten oder Störungen.
- Brainstorming ist eine kreative Sammlung von Ideen, welche unzensiert aufgelistet und die Brauchbarsten zur Weiterarbeit verwendet werden. (Besemer, 1993, S.19- 20)

10. Mediation in der Pflege

Wie schon erwähnt, hat sich die Mediation als Konfliktlösungsmethode im Gesundheits- und Sozialbereich noch nicht etablieren können. Zwar wird diese schon vermehrt in der Sozialarbeit angewandt, im Pflegebereich herrscht aber noch relative Unkenntnis über dieses Verfahren. Generell ist man hier eher Konfliktscheu, das positive Potential im Konflikt wird nur selten erkannt. Gängige Lösungen sind meist das ganz individuelle Ignorieren, Tolerieren, Resignieren, Regredieren (= Verfall in frühere Verhaltensweisen, wie „das „Weinen" der Klicheesekretärin als Kindchenverhalten der Frau oder „polterndes" und „lautstarkes" Auftreten des Vorgesetzten als richtiger, drauflosgehender Junge oder die Suche nach Leidenspartnern nach dem Motto: „geteiltes Leid ist halbes Leid", aus: Beck, R., 2000, S.239), Rationalisieren oder Instrumentalisieren. Dabei sind Konflikte als „soziale Sachverhalte" normal, allgegenwärtig und auch produktiv nutzbar. (Beck, R., 2000, S.233) Ich denke, das Mediatoren gerade im Pflegebereich gebraucht werden, denn häufig befinden sich die Pflegenden in der Position eines Vermittlers und sind dann oft einfach überfordert. Ich denke hier u.a. an die fast tägliche Vermittlungstätigkeit einer Krankenschwester/ Pflegers im Spannungsverhältnis zwischen Arzt und Patient, zwischen Patient und Angehörige oder zwischen Amt und Patient. Dies trifft natürlich auch im Pflegemanagement zu. Ich denke hier insbesondere an Konflikte zwischen den Abteilungen, zwischen den Berufsgruppen, zwischen den einzelnen Mitarbeitern, aber auch zwischen der jeweiligen Einrichtung und den Ämtern oder Krankenkassen. Wichtig ist, daß wir hier den Konflikt zwischen Personen, zwischen Personen und Institutionen und zwischen den Institutionen beachten! Sicherlich ist Mediation auch nicht immer die beste Methode, Schwierigkeiten bestehen hier oft im „Machtungleichgewicht im Verhältnis Patient- Familie oder Institution."(Marx, A., 1999, S., 58)
Auch in der Altenpflege kann Mediation bei Differenzen zwischen Pflegepersonal und dem pflegebedürftigen Menschen bzw. seinen Familienangehörigen ein brauchbares Mittel sein. Man muß allerdings auch hier die verminderte Autonomie und die zunehmende Abhängigkeit des alten Menschen beachten. (Marx, A., 1999, S.57)

11. Resümee

Mediation ist ein wichtiges Modell für kooperative Konfliktlösungen. Der Vorteil dieser Methode ist, das sie den Konsens fordert, Ressourcen fördert und die tiefer liegenden Interessen und Gefühle der Streitenden hinter dem Konflikt beachtet und einbezieht. Somit besteht die Möglichkeit, dass eine neue Beziehung untereinander aufgebaut wird, alle Beteiligten etwas gewinnen, der Streit konstruktiv und zukunftsorientiert genutzt werden kann.
Seit den 90iger Jahren erlebt die Mediation in Deutschland einen richtigen Boom, die Einsatzgebiete beschränken sich nun nicht mehr nur auf Täter-Opfer-Mediation oder auf Scheidungsmediation. Leider ist sie im Gesundheitsbereich kaum bekannt, wird aber sicherlich auch da bald vermehrt eingesetzt werden. Auf Grund der immer stärker werdenden Konkurenzsituaion im Gesundheitswesen wird man sich ungelöste, schwelende und/ oder eskalierende Konflikte einfach nicht mehr leisten können und wollen. Zu Wünschen wäre neben einer Expansion auf andere Einsatzgebiete, eine Integration der Mediatorenausbildung in den Ausbildungsinhalt anderer helfender und therapeutischer Berufe, denn dies würde einen, in Zukunft besseren Konfliktumgang auf breiter Basis fördern.

12. Literaturverzeichnis

Altmann, G.; Fiebinger, H.; Müller, R.: Mediation. Konfliktmanagement für moderne Unternehmen, Weinheim und Basel, Beltz Verlag, 1999

Beck, R.; Schwarz, G.: Konfliktmanagement, In Hauser, A.; Neubarth, R.; Obermair, W., u.a., Praxis- Handbuch soziale Dienstleistungen, 2. erw. Aufl., Neuwied, Luchterhand Verlag, 2000

Besemer, Ch.: Mediation, Vermittlung in Konflikten, 1. Aufl., Baden, Eine Veröffentlichung der Stiftung Gewaltfreies Leben und der Werkstatt für Gewaltfreie Aktion, 1993

Besemer, Ch.: Mediation in der Praxis, Erfahrungen aus den USA, 1. Aufl., Baden, Werkstatt für Gewaltfreie Aktion, 1996

Bundeskonferenz für Erziehungsberatung e.V.(Hrsg.): Scheidungs-Mediation, Möglichkeiten und Grenzen, 1.Aufl., Münster, VOTUM Verlag, 1995

Dulabaum, N., L.,: Mediation: Das ABC – Die Kunst, in Konflikten erfolgreich zu vermitteln, 1.Aufl., Weinheim und Basel, Beltz Verlag, 1998

Duss-von Werdt, J.; Mähler, G.; Mähler, H.-G. (Hrsg.): Mediation: Die andere Scheidung, Ein interdisziplinärer Überblick, 1. Aufl., Stuttgart, Klett-Cotta, 1995

Friedmann, G. J.: Die Scheidungs-Mediation. Anleitungen zu einer fairen Trennung, 1.Aufl., Hamburg, Rowohlt Taschenbuch Verlag, 1996

Glasl, F.: Konfliktmanagement. Handbuch zur Diagnose und Behandlung von Konflikten für Organisationen und Ihre Berater, 2. Aufl., Bern, 1990

Glenewinkel, W.: Meidiation als außergerichtliches Konfliktlösungsmodell, Am Beispiel der Trennungs- und Scheidungsmediation in der Bundesrepublik Deutschland, 1.Aufl., Stuttgart, ibedem – Verlag, 1999

Glock, M.; Seeberger, B.; Konfliktmanagement als Chance, In Kerres, A.; Seeberger, B.(Hrsg.): Lehrbuch Pflegemanagement II, 1.Aufl., Berlin, Springer- Verlag, 2001

Hauk, D.: Streitschlichtung in Schule und Jugendarbeit, Das Trainingshandbuch für Mediationsausbildung, 1. Aufl., Mainz, Matthias-Grünwald-Verlag, 2000

Haumersen, P.; Liebe, F.: Multikulti: Konflikte konstruktiv – Trainingshandbuch – Mediation in der interkulturellen Arbeit, 1.Aufl., Mülheim, Verlag an der Ruhr, 1999

Klammer, G.; Geißler, P.: Mediation, Einblicke in Theorie und Praxis professioneller Konfliktregelung, 1. Aufl., Wien, Falter Verlag, 1999

Mahlmann, R.: Konflikte managen – Psychologische Grundlagen, Modelle und Fallstudien, 1. Aufl., Weinheim und Basel, Beltz Verlag, 2000

Marx, A.: Mediation und Sozialarbeit – Konflikte kooperativ lösen, Sonderdruck, Frankfurt/ Main, Eigenverlag des Deutschen Vereins für öffentliche und private Fürsorge, 1999